Bilderbuch-Doppelband
„Vom Einschlafen und vom schönen Träumen"
ISBN 978-3-86559-087-9
2. Auflage 2015

Dieser Doppelband enthält die Bilderbücher:

„Jetzt wird aber geschlafen!"
© 2015 Bärbel Spathelf (Text)
© 2015 Susanne Szesny (Illustration)
© 2015 Albarello Verlag GmbH

„Und wovon träumst du?"
© 2015 Julia Volmert (Text)
© 2015 Susanne Szesny (Illustration)
© 2015 Albarello Verlag GmbH

Alle Rechte liegen bei
Albarello Verlag GmbH, Haan

Mehr über unser Programm
finden Sie unter:

www.albarello.de

Wenn Sie Ihrem Kind eine Schlummermaus
basteln möchten, finden Sie auf
www.albarello.de/Spiel- und Bastelideen
eine Bastelanleitung mit einfachem Schnittmuster
zum kostenfreien Ausdruck.

Der Bilderbuch-Doppelband von
Bärbel Spathelf – Susanne Szesny – Julia Volmert

Vom Einschlafen und vom schönen Träumen

enthält die Bilderbücher:
„Jetzt wird aber geschlafen!"
„Und wovon träumst du?"

albarello

Das ist Katharina. Am Vormittag spielt sie mit ihren Freunden im Kindergarten und nachmittags mit ihren Geschwistern Philip und Stefanie. Sie tobt den ganzen Tag herum und ist abends richtig schön müde.

Wenn Schlafenszeit ist, holt Mama die Schlafanzüge und geht mit Katharina und Philip ins Bad.

„So, jetzt putzen wir alle noch die Zähne. Und wascht eure schmutzigen Finger und Gesichter", sagt Mama.

Dann setzen sie sich alle auf Philips Bett und Mama liest ihnen
eine Gutenachtgeschichte vor. Stefanie, das Baby, schläft
schon lange.
Als Mama fertig ist, gibt sie Philip einen Gutenachtkuss.
Dann trägt sie Katharina in ihr Zimmer und legt sie ins Bett.
„Schlaf gut", sagt Papa und kommt in Katharinas Zimmer. Er gibt
ihr auch ein Küsschen und macht das Licht aus.
Katharina ist sehr müde. Aber sie will noch nicht schlafen, weil sie
nachts oft Angst hat, wenn sie allein im Bett liegt.
„Papa, Papa! Ich will noch was trinken!", fällt Katharina plötzlich ein.
„Ich hol dir ein bisschen Wasser", schlägt Papa vor. „Aber dann musst
du auch ruhig sein, sonst kann Philip gar nicht schlafen."
Papa bringt ihr ein Glas mit Wasser.

„Papa, es ist so dunkel!", ruft Katharina sofort. „Ich hab Angst."
Papa kommt zurück und tröstet: „Ich lasse die Tür auf und das Licht
auf dem Flur ist auch an. Jetzt schlaf schön."
Aber als Papa weg ist, jammert Katharina weiter: „Ich will noch
nicht schlafen. Ich bin gar nicht müde."
Niemand antwortet.
Deshalb steht Katharina auf und läuft zu ihren Eltern ins Wohnzimmer.
„Kann ich ein bisschen bei euch bleiben? Ich kann noch nicht
schlafen", bettelt sie.
„Nein, Katharina. Für heute ist Schluss!", sagt Papa und nimmt
Katharina auf den Arm.
Er trägt sie zurück in ihr Zimmer und legt sie in ihr Bettchen.
Er deckt sie gut zu.

Doch nach einer Weile ruft Katharina: „Ich muss mal Pipi."
Mama geht mit ihr ins Badezimmer.
Nachdem Katharina Pipi gemacht hat und wieder im Bett liegt, sagt
ihre Mama: „So, und nun wird aber endgültig geschlafen."
Dann verlässt sie das Kinderzimmer und geht zurück ins Wohnzimmer.
Katharina jammert weiter. Aber weil sie so müde ist, schläft sie
schließlich doch ein.

Mitten in der Nacht wacht Katharina plötzlich wieder auf.
Hat sie da nicht ein Geräusch gehört? Sie hält die Luft an und zieht
die Bettdecke hoch. Nur ihre Augen können noch rausschauen.
Es sieht alles so anders aus. Durch den Türspalt fällt zwar ein
bisschen Licht in ihr Zimmer, aber weiter hinten kann man nur
graue Umrisse erkennen.
„Uah, was ist denn das?", denkt Katharina. Sie traut sich gar nicht,
genau hinzuschauen. Aber bewegt sich dahinten nicht etwas
Gruseliges im Regal?

„Mama, Mama!", schreit Katharina und weint ganz laut.
Mama ist schnell an ihrem Bett und fragt verschlafen: „Was ist denn los, mein Schatz?"
„Hier ist ein Monster in meinem Zimmer. Ich will zu dir", weint Katharina und schlingt die Arme um den Hals ihrer Mutter.
Die Mutter versucht, Katharina zu beruhigen, und macht erst einmal das Licht an.
„Wo hast du es denn gesehen?", fragt sie.
„Ich glaub, oben im Regal", weint Katharina und versteckt ihr Gesicht an Mamas Schulter.
Aber jetzt ist natürlich kein Monster mehr zu sehen.
Ihre Mutter beruhigt sie. „Im Regal sitzen nur deine Spielzeugtiere. Es ist alles in Ordnung. Versuch, wieder einzuschlafen, mein Schatz."
Doch Katharina schluchzt weiter und will nicht zurück in ihr Bett.
„Ich will zu dir!", jammert sie.

Mama nimmt sie schließlich mit und legt sie neben sich ins Bett.
Katharina ist sicher, dass die Monster sich nicht hierher trauen werden.
Beruhigt schläft sie ein.

Beim Frühstück sitzen alle unausgeschlafen am Tisch.
„Hast du heute Nacht schlecht geträumt, Katharina?", will Papa wissen.
„Ich weiß es nicht mehr", antwortet Katharina und steht auf.
Sie will nicht mit einem Erwachsenen darüber reden. Die sagen dann
doch nur wieder: „Monster gibt es nicht."
Aber Katharina weiß es besser.

Am Nachmittag spielen Philip und Katharina in Philips Zimmer.

„Wieso hast du denn heute Nacht so geschrien?", fragt Philip.

„Ach, in meinem Zimmer war wieder ein Monster", seufzt Katharina.

„Und als Mama das Licht angemacht hat, war es natürlich weg.
Ich trau mich abends gar nicht mehr einzuschlafen."

„So was kenn ich", sagt Philip.

„Du?", fragt Katharina ihren großen Bruder erstaunt.

„Ja", antwortet Philip, „nur dass auf mich Räuber gewartet haben,
die mich fangen wollten."

„Und, sind sie immer noch da?", fragt Katharina.

„Nein", erklärt Philip, „ich hab sie weggejagt."

„Und die waren dann wirklich weg?", fragt Katharina ungläubig.

„Ja, allerdings", lacht Philip.

„Und wie hast du das gemacht?", will Katharina wissen.

„Du kennst doch meine kleine Schlummermaus mit dem funkelnden
Stern. In Wirklichkeit ist das nämlich eine Zaubermaus! Ich hab mich den
Räubern entgegengestellt und ihnen die Schlummermaus mit dem
Funkelstern gezeigt. Als der Stern gefunkelt hat, haben es die Räuber
mit der Angst bekommen und sind davongerannt."

„Und das war alles?", staunt Katharina.

„Ja, das war's. Sie sind zwar noch zweimal wiedergekommen. Aber
dann hatten sie echt genug", antwortet ihr Bruder.

„Meinst du, die Schlummermaus mit Zauberstern würde auch gegen das Monster in meinem Zimmer helfen?", will Katharina wissen.

„Ich glaub schon", antwortet Philip. „Das Funkeln macht sicher auch Monstern Angst. Und du darfst Monstern nicht zeigen, dass du selber Angst hast."

„Ich hab aber keine Schlummermaus", sagt Katharina traurig.

Sie streichelt die kleine Plüschmaus mit dem seidigen grauen Fell und den kleinen, funkelnden schwarzen Augen, die immer neben dem Kopfkissen ihres Bruders liegt.

Philip überlegt. „Ich schenke sie dir", sagt er schließlich. „Ich bin ja schon groß und brauche die Maus nicht mehr."

Katharina hält die kleine Maus in die Höhe. „Oh, danke", strahlt sie. „Die wird mir sicher helfen."

Wie jeden Abend liest Mama Philip und Katharina noch eine Gutenachtgeschichte vor und bringt Katharina ins Bett.
Dann schaltet sie das Flurlicht an, lässt die Tür ein wenig offen und geht ins Wohnzimmer.
Katharina hat die Schlummermaus neben ihr Kopfkissen gelegt und schaut sie in der Dämmerung an. Die kleinen Augen leuchten warm und beruhigend.
„Jetzt kann mir nichts mehr passieren", flüstert Katharina und schläft bald darauf ein.

Mitten in der Nacht wacht Katharina auf. Vorsichtig macht sie die Augen auf und schaut zum Regal hinüber. Da ist nichts. Aber sitzt nicht etwas auf dem Stuhl? Sie drückt schnell ihr Gesicht in das Kopfkissen und spürt plötzlich das warme Fell der Schlummermaus.
Katharina gruselt es zwar immer noch ziemlich, aber sie will ihre Angst nicht zeigen. Stattdessen greift sie nach ihrer Schlummermaus. Die liegt weich und kuschelig in ihrer Hand.
Sie holt tief Luft.

„Jetzt ist aber Schluss!", ruft sie und hält die Zaubermaus dem Monster
entgegen. „Mir kannst du gar nichts tun. Mit meiner Schlummermaus
bin ich unbesiegbar. Verschwinde endlich aus meinem Zimmer.
Und zwar ein bisschen dalli!", ruft sie.
Katharina blinzelt kräftig mit den Augen und sieht vorsichtig
zu dem Stuhl hinüber. Sie atmet erleichtert auf.
Dort ist kein Monster mehr.
Da hängt nur ihr Pullover.

Die Schlummermaus fühlt sich ganz warm in Katharinas Hand an.
Katharina seufzt: „Das wäre geschafft!", und legt die kleine Maus
wieder auf ihr Kopfkissen.
Sie schaut noch einmal im Kinderzimmer umher. Es ist alles ruhig
und normal.
Katharina schläft beruhigt wieder ein.

Am nächsten Morgen wacht Katharina auf und läuft sofort zu
Philips Bett. Sie schüttelt ihn sanft an der Schulter und flüstert ihm
ins Ohr: „Es ist weg. Ich hab's geschafft!"
Philip blinzelt mit den Augen. „Was ist weg?", fragt er verschlafen.
„Na, das Monster. Ich hab ihm gesagt, dass es abhauen soll",
antwortet Katharina. „Und dann hab ich die Schlummermaus
hochgehalten. Da ist es ganz schnell verschwunden."
„Klar. Hab ich dir doch gesagt, dass es funktioniert", sagt Philip und
kuschelt sich noch einmal in seine Decke.

Heute ist Katharina den ganzen Tag über richtig ausgeschlafen und fröhlich.
Am Abend bringen Mama und Papa Katharina ins Bett.
„Schlaf gut, Katharina!", sagt Papa und gibt ihr einen Gutenachtkuss.
„Ja, bestimmt", antwortet Katharina. Sie hält die kleine Maus fest in der Hand.
„Was hast du denn da?", fragt Mama.
„Das ist meine Zaubermaus. Mit der muss ich nachts keine Angst mehr haben", antwortet Katharina.
„Das ist ja toll. Dann kannst du heute Nacht ja alleine in deinem Bett schlafen", freut sich Mama.
„Na klar!", murmelt Katharina schläfrig und schon fallen ihr die Augen zu. „Ich hab doch jetzt die Schlummermaus!"

Julia Volmert – Susanne Szesny

Und wovon träumst du?

oder: Deinen Traum halte fest,
vielleicht wird er wahr.

albarello

Wenn die fernen Sterne funkeln,
schlafen Kinder tief im Dunkeln.
Im Bett oder unter einem Baum:
Jedes hat so seinen Traum.

Jungs und Mädchen, dicke, schlanke,
lieb und frech, gesund und kranke,
fröhlich, traurig, groß und klein,
alle schlafen sie jetzt ein.

Was träumen Ritter, Prinzessin, Piraten?
Von Schätzen oder Heldentaten?
So verschieden sind Kinder, doch eines ist gleich:
Träumen darf jeder, ob arm oder reich.

Die Ritterburg liegt in tiefem Schlummer,
nur Knappe Kuno, der hat Kummer.
Leider ist er noch sehr klein,
doch wünscht er sich, ein Held zu sein.

Mit Schild und Helm schlief er heut Nacht
und hat im Traum eine Tat vollbracht.
Hat den gefährlichen Drachen gefangen.
Nun braucht keiner im Schloss mehr zu bangen.

Der König wird Kuno zum Ritter jetzt schlagen.
Denn den Drachen zu fangen, das wollt keiner wagen.
Nur Kuno, der Mutige, der hat es gemacht -
zumindest im Traum, in dieser Nacht!

Die Prinzessin fliegt im Traum
mit dem Ballon zum Himmelssaum.
Fühlt sich wie ein Vogel frei,
hat nur den kleinen Frosch dabei.

Solln die Diener sie doch suchen!
Solln sie rufen: „Es gibt Kuchen!"
Solln Prinzen und Minister warten
in dem Schlosshof und im Garten!

Sie träumt von der großen, weiten Welt.
Und dafür braucht sie nicht mal Geld.
Frei ist sie und strahlt vor Glück:
Vor morgen kommt sie nicht zurück!

Der Piratenjunge in der Hängematte
schläft gemütlich wie auf Watte.
Seine Mannschaft ist dabei:
Mäuse, Affe, Papagei.

In seinem Traum, als er so schlief,
grub er mit dem Spaten tief.
Plötzlich - rums! - er stößt auf Holz!
Die Schatzkiste! Jetzt ist er stolz!

Wie das glitzert! Gold und Ketten!
Ja, ich glaub, ich könnte wetten,
irgendwo liegt gut versteckt
der Schatz, den er im Traum entdeckt.

Das Zaubererkind war heut sehr fleißig.
Hat zaubern geübt bis achtzehn Uhr dreißig.
Es schläft jetzt, mit Zauberbuch auf seinem Kissen.
Was es gezaubert hat, möchtest du wissen?

Wie der Zaubermeister wollte es schweben.
Nur der Teppich blieb am Boden kleben.
Jetzt fliegt es mit dem Zauberteppich im Traum
über Oasen und Palmenbaum.

Tief unten glitzern, umgeben von Sand,
Paläste aus dem Morgenland.
Wüstenstädte und Zimtduft im Wind!
Voll Sehnsucht träumt das Zaubererkind.

Astronautenkind Kim und Bärchen umrunden
einen fremden Stern. Den haben sie gefunden.
Nur im Traum zwar, das ist wahr.
Doch vor ihnen war noch keiner da.

Hier gibt es unbekannte Wesen,
von denen hat man noch nie gelesen.
Sie sehen freundlich aus und winken
mit den Händen und den Zinken.

„Wir kommen als Freunde, ich und mein Bär",
sagt Kim zu den Fremden und freut sich sehr.
Als Entdecker, so träumt Kim, wird er mal bekannt
zu Hause und im fremden Land.

In einer Räuberhöhle im Wald
schläft der kleine Räuber, denn draußen ist's kalt.
Schon lange lebt er in diesem Versteck.
Wie gerne liefe er von hier weg!

Er wünschte, er wüsste mehr von der Welt.
Aber leider hat er gar kein Geld.
Die großen Räuber, die müssen stehlen
Kleidung und Essen und manchmal Juwelen.

Im Traum läuft der kleine Räuber fort.
Er kommt in einen freundlichen Ort
wo er Flöte spielt und die Menschen ihn lieben.
Dann wäre er keiner mehr von diesen Dieben!

Das Nixenkind schläft gern in Muscheln.
Da kann es gemütlich im Perlenbett kuscheln.
Hier unter Wasser schläft sie gut,
doch sonst ist sie ziemlich allein in der Flut.

Nur Krabben und Fische! Das ist doch zu dumm!
Die schwimmen immer nur stumm herum.
Das Nixenkind wünscht sich so sehr
einen richtigen Freund im tiefen Meer.

Im Traum nimmt der Taucherprinz sie bei der Hand.
Sie zeigt ihm das Meer und er ihr das Land.
Sie werden Freunde, im Traum kann das gehen,
dass Nixen und Prinzen sich verstehen.

Was du jetzt gleich träumst? Das kann ich nur raten!
Vom Weltraumflug oder Zaubergarten?
Denn träumen darf jeder, das ist doch klar.
Deinen Traum halte fest, vielleicht wird er wahr!

Wenn Sie Ihrem Kind eine Schlummermaus basteln möchten,
finden Sie auf **www.albarello.de/Spiel- und Bastelideen** eine Bastelanleitung
mit einfachem Schnittmuster zum kostenfreien Ausdruck.